第二版

给孩子们的火车历史绘本——

内燃机车的故事

陈曦 | 著/绘

中国铁道出版社有限公司
CHINA RAILWAY PUBLISHING HOUSE CO., LTD.

在古代，如果有人在挖水井的时候挖出了一种黑乎乎、黏糊糊的液体，会觉得自己很倒霉。

而在 20 世纪初，有些人会用自己的全部财富架起高高的钻井设备，长年累月、小心翼翼地照看着机器运转。如果有一天，地下传来声响，泥浆从钻孔不断涌出，这时，有经验的人会马上撤离，因为紧接而来的滚滚石油就会从地下喷涌而出。在石油时代，这意味着一夜暴富。

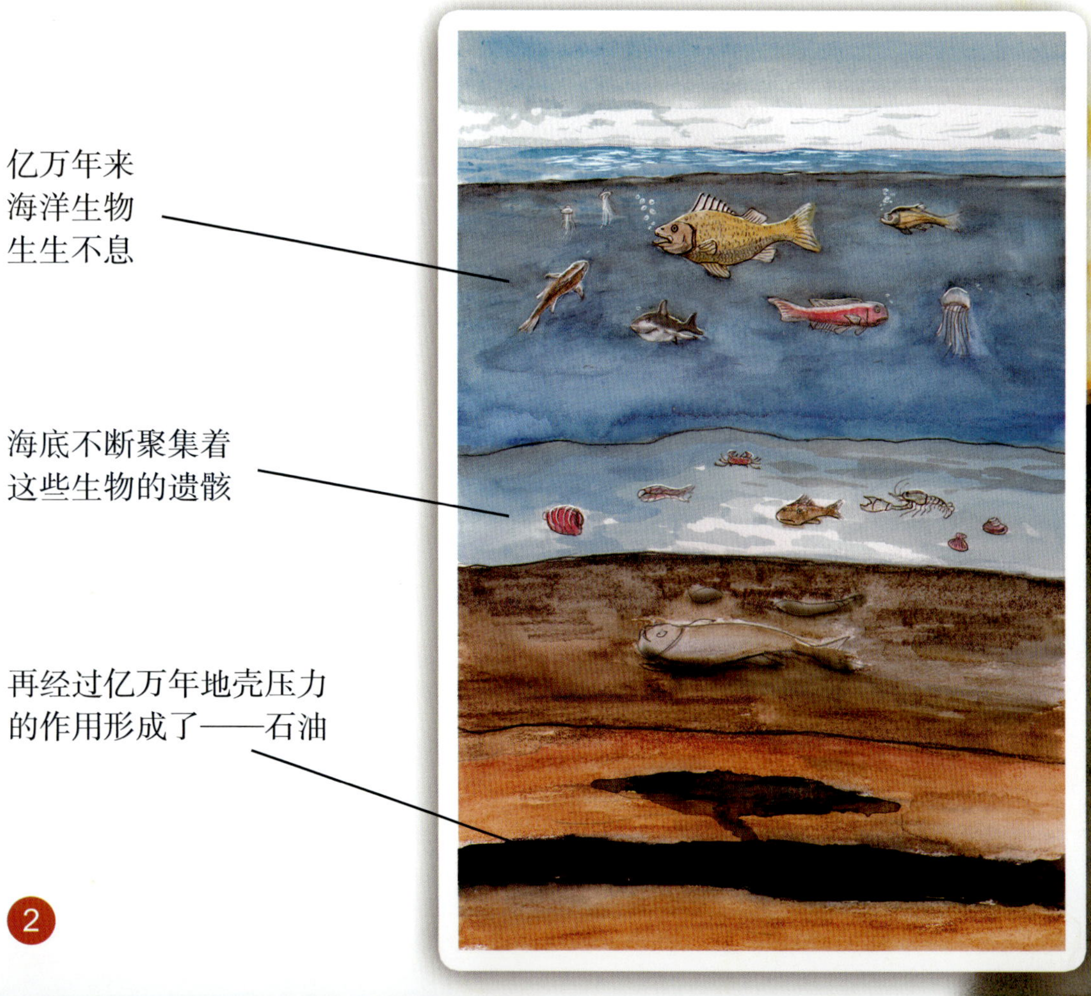

石油时代的来临

那些努力的先驱们

惠更斯

早在三百多年前，荷兰物理学家惠更斯就开始了用火药爆炸获取动力的研究，但因火药燃烧难以控制而未获成功。之后许许多多科学先驱们都提出过制造内燃机原理的设想，直到1860年，法国人勒努瓦第一个设计和制造出用照明瓦斯作为燃料的内燃机。

勒努瓦

鲁道夫·狄赛尔1858年出生于巴黎，父母是德国人。1870年，普法战争爆发，狄赛尔全家不得不离开法国。因为生活艰难，年仅12岁的狄赛尔被送到叔叔家里，在那里他读了职业学校，后来又进入慕尼黑工业大学读机械制造专业。

柴油机之父——狄赛尔

1879年，21岁的狄赛尔毕业，他做过零件设计员、安装工和推销员。在工作中他深感蒸汽机的效率低下，于是萌发了设计新型发动机的念头，并开始积蓄资金。1885年，他在巴黎设立了自己的发动机实验室。经过多年的努力，一次新的科技革命诞生了。

这种发动机功率大、油耗低，可以使用劣质燃油，这就是未来内燃机车的心脏——柴油机。

尼古拉斯·奥古斯特·奥托于1832年出生在德国。他在襁褓时父亲就去世了。奥托读书时是一个出色的学生，但却在十六岁那年从中学辍学。起初他在一个小镇上的杂货店工作，后来在法兰克福市当一名店员，接着又成为一名推销员。他在1860年开始研究内燃机，并在1876年制造出世界上第一台四部冲程内燃机，并不断改进、推向市场，这就是至今已生产出数以亿计的汽车发动机的最早样机。

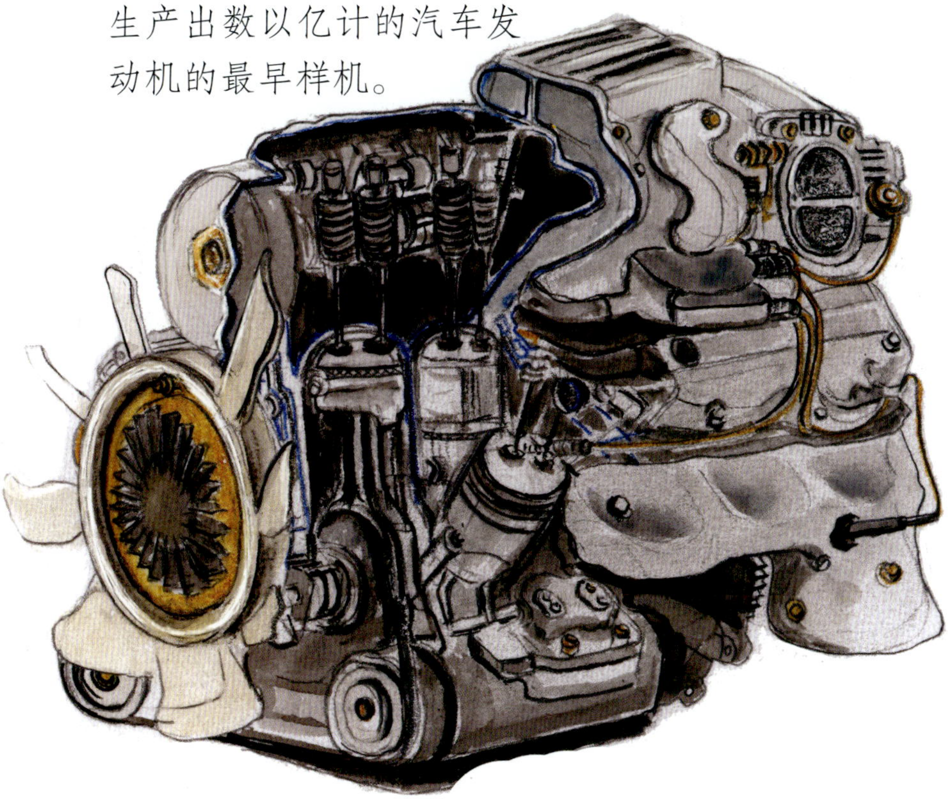

内燃机之父——奥托

最早的内燃机车

一种说法是：世界最早的内燃机车，是 1906 年美国铁路部门开始购进的一种简单用于短途勘察道路的内燃机车。这看起来是不是像一台有轨电车？而这台“零号”内燃机车在当时也确实只能承担一些轻型线路的短途往返客运业务。

另一种说法是：1912 年德国和瑞士的公司试制成功的一台内燃机车。这台机车先在瑞士的山区路段上试验，后来又到达德国柏林继续试运行。

在铁路上跑的“汽车”

早期的内燃机车和公路上的汽车一起成长，所以大部分都长了一张“汽车脸”。许多内燃机车看起来就像是在铁路上跑的汽车。在 20 世纪 30 年代，这种机车在欧洲的铁路上逐渐多了起来，虽然看起来还没有火车的样子，只有短短的一两节车厢，但是用来运输少量的旅客和邮政包裹却非常合适。

又是奔跑竞赛

就像内燃机车的“大哥”蒸汽机车一样，在内燃机车诞生之后的一段时间里，人们并不认为内燃机车会比蒸汽机车跑得更快。当时的蒸汽机车已经发展成熟，动力强劲，可以牵引1000吨的列车，日常运行时速可以达到128千米。而内燃机车的表现则逊色许多，还有不少技术上的问题需要解决。

早期的内燃机车也有一些明星机车，它们的出现开始改变人们对内燃机车的看法。1933 年，德国的“飞翔的汉堡人号”内燃机车开始运行，最大速度甚至达到了每小时 198 千米，从柏林到汉堡只需要 138 分钟。后来在其他线路上也运行了这种列车。它们都证明了内燃机车能够比得上蒸汽机车。这就是那个时代的明星机车，你看，那位越野滑雪者也想和它比比谁更快！

科幻列车“西风特快”

对于20世纪30年代的人来说，美国的“西风特快号”列车实在是太“科幻”了，现在看起来也很“时髦”。有了德国“飞翔的汉堡人号”的运行经验，美国的铁路公司看到了商机。这是美国历史上第一辆采用柴油发动机的客运列车，它证明了柴油机的运营成本更低，而且可以连续行驶数百千米而不需要加油，从此内燃机车逐渐进入了柴油机时代。

内燃机车就这样来了。它是那个时代孩子们心中的“变形金刚”。虽然没有蒸汽机车隆隆的声音和吞吐的烟雾，但是内燃机车沉稳的气质和更高的效率代表着当时先进的科技，它带领着火车驶向未来。

内燃机车来了！

战火中的机车故乡

20世纪40年代，内燃机车和柴油机的故乡正处在战火中。为了打赢战争，石油工业大规模发展，科技的进步让喷气式飞机飞上了天空。可是内燃机车在欧洲却遇到了前所未有的危机，那些曾经意气风发的机车不是因为石油的紧缺停滞不动，就是在战火中变成了一堆废铁。

内燃机车的帝国

而在大洋对岸的美国，内燃机车却获得了空前的发展。当第二次世界大战结束时，美国大兵从港口城市的火车站搭乘火车返回家乡，他们面对的美国铁路已经成了内燃机车的天下。

北方大国石油多

提到内燃机车，还有一个在我们北方的邻居不能忽视，它就是当时的苏联。作为一个重工业巨人，又有着丰富的石油资源，苏联的内燃机车自成一派，对我国早期内燃机车的发展也产生过影响。

“巨龙”诞生

1958年的一天，大连机车厂红旗招展、人山人海。仿造苏联TЭ3型电传动内燃机试制成功了。这是中国第一台自行制造的内燃机车——“巨龙号”内燃机车。当年的“巨龙”现在已经成为老人，而“巨龙”的后代发展成了庞大的家族。

“卫星”出站

1959年，中国第一台液力传动内燃机车在青岛四方机车厂试制成功，当时命名为“卫星号”。在新建成的北京站里，“卫星号”看着那些仍然占据主力的蒸汽机车，骄傲地牵引着当时最新型的绿皮车缓缓出站。这一幕新旧车型交替的场景将在这个经典的构图位置不断呈现。

“东风”家族第一代

“东风”家族的第一代——东风1型内燃机车牵引着列车行驶在南方山区的烟雨中。列车上载着国产汽车的第一代——解放牌卡车。这是“老大”的幸福和骄傲！

时代的名字“东方红”

“东方红”这个名字总是用在那个时代让人骄傲的产品上，就像图中的东方红 1 型内燃机车和东方红拖拉机。当时的人们认为国家富强的景象就像这金色田野中的机械，展示着现代化工农业的繁荣。

以首都命名的内燃机车

1975年北京二七机车厂开始批量生产一种液力传动干线客运内燃机。那时，在北京的长城下，这种机车牵引的列车从山洞里呼啸而出，小朋友躲在大树后惊恐又好奇地看着。如今，当年的爸爸已经变成了爷爷，当年的孩子已经成了父亲。

在“飞翔的汉堡人号”之后，战后的欧洲出现了一种跨国运行的列车，那就是“TEE”内燃机列车，图中德国的TEE列车是其中最成功的一种。高速列车在欧洲的几个主要大城市之间运行，沿途可以欣赏各国美丽的风景。

同时代的欧洲跨国列车

走进内燃机车时代

在中国的内燃机车家族里，目前没有一种车型能超越东风 4B 的产量。这型机车是铁路人多年奋斗的结果，最重要的改进就是提高了机车的耐用性和可靠性。到 1998 年末，这型机车的总产量甚至达到了四千多台，可以说从东风 4B 开始，中国铁路进入了内燃机车时代。

火车、童年、稻草人是这幅画面的关键词。其中火车的形象就是我们最熟悉的东风型内燃机车牵引着绿皮车的样子。曾经，我们可能不知道这种火车的名字，但我们一定都记住了这个熟悉的面孔。现在孩子已经长大，童年已经远去，稻草人也不见了，火车却还是那向往的火车。

最熟悉的面孔

两大门派的内燃机车

液力传动内燃机车

红色是柴油机

绿色是传动系统

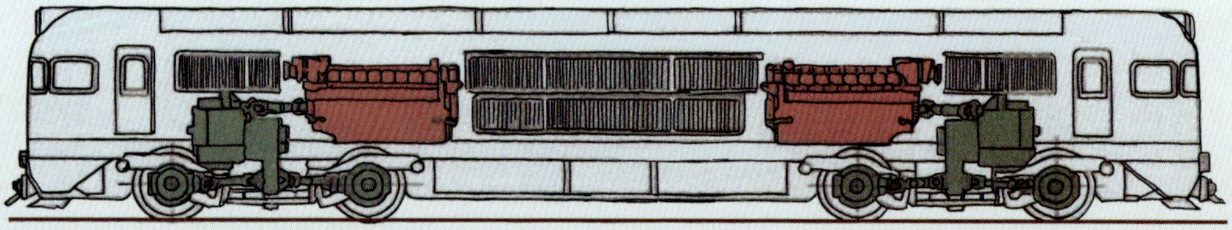

电传动内燃机车

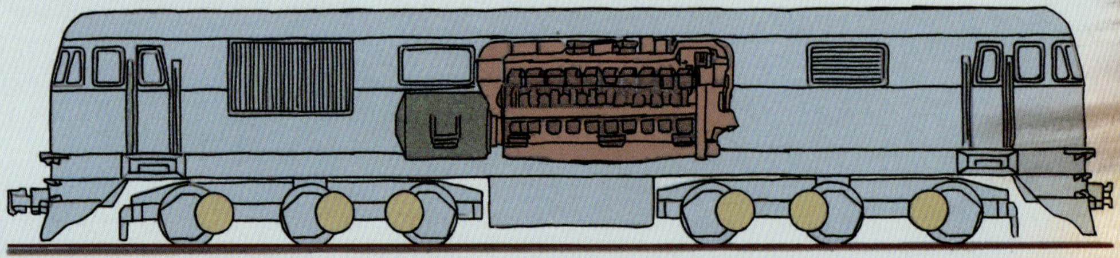

红色是柴油机　绿色是发电机　黄色是电动机

先说说内燃机车的一大门派——液力传动内燃机车。前面出现的“卫星”“北京”，还有庞大的“东方红”家族都属于这个门派。这种内燃机车曾经风靡一时，而现在却不兴盛了，其中的原因就是不敌电传动内燃机车的效率和操控优势。

那么二者有什么区别呢？

其实两大门派的主要区别就是如何把柴油机运转的力量传递到车轮，让机车灵活可控地奔跑。液力传动是类似汽车一样的解决方案，通过各种机械的传动轴驱动液压传动箱，再传动车轴上的齿轮箱，带动车轮转动。

而电传动内燃机车更像是一台自带发电站的电力机车，是用柴油机带动发电机，发出的电驱动轮子上的电动机，也就带动了车轮。

内燃机车的内部结构

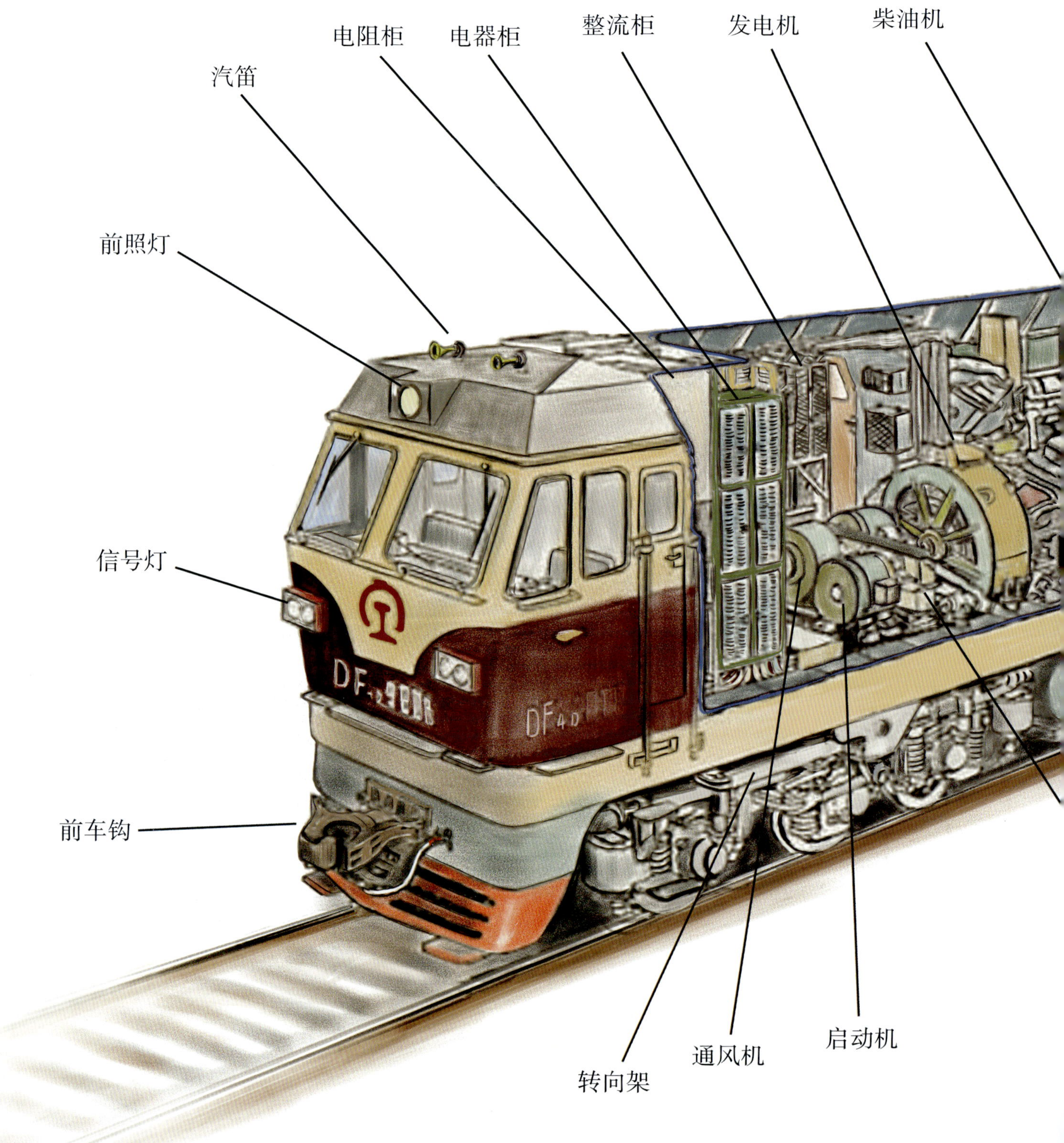

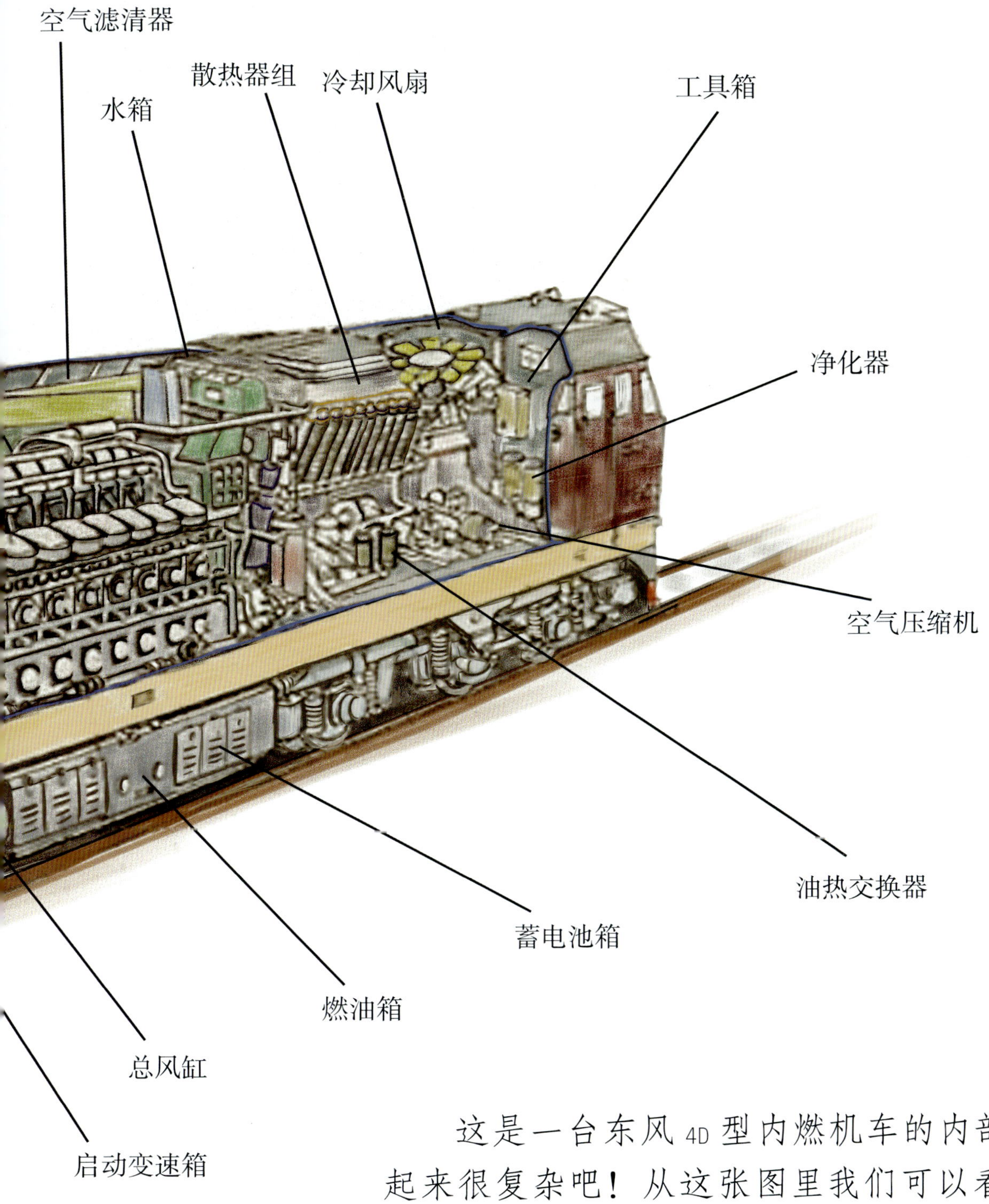

这是一台东风 4D 型内燃机车的内部结构图，看起来很复杂吧！从这张图里我们可以看出这是一台电传动的内燃机车，这种机车之所以盛行是因为它拥有相对简单、体积小巧的传动系统。

东风 4D 是内燃机车家族的一个成熟可靠的优等生，因为它承载了前辈们的宝贵经验。20 世纪 90 年代之后，我们可以看到蓝色的货运版机车拉着长长的一列车厢从山洞里出来，在高架桥上飞驰，桥下是红色的客运版机车正牵引着新型的 25K 客车厢飞驰而过。

成熟可靠的优等生——东风4D

带着阳台的调车

调车就是用来调动车厢的机车。在这个车场里集结了各种类型的车厢，调车要根据不同的目的地把它们拉来推去,组成等待出发的一列火车。

车场里的调车是内燃机调车，它带着一圈阳台，这可不是用来休闲的阳台，而是火车司机用来查看和检修的通道。

轰隆隆的声音传来，草原上下起了雨。在草地上玩耍的小兔子们突然停了下来，它们竖起耳朵听着，这阵雷声好像不一样啊。轰隆隆，轰隆隆……原来是一列长长的火车开来了，这是它发出的声音。拉着这些车厢的火车头可真是个大力士，它就是东风8B型内燃机车。

中国大力士——东风8B

21 世纪的夕阳下，两列火车正在运行。牵引的车头都是东风 11 型内燃机车，只不过右边的机车是最新的东风 11G 型。城市不断变大，楼房不断长高，人们的生活节奏逐渐加快，火车也要提速。东风 11 就是为此而来，在这个蛛网般的天空下，展示内燃机车的进步。

提速先锋——东风11

世界屋脊的内燃机车

2006年青藏铁路正式通车运行，行驶在这条天路上的主角就是内燃机车。呼吸着高原稀薄的氧气，头顶着变化无常的极端天气，只有内燃机车可以适应这种挑战，也收获着一路美景。

其实在中国内燃机车的国家队里面，还有一些进口机车。这些进口的内燃机车虽然数量很少，但它们也对中国铁路做出了贡献。在这里我把它们齐聚一堂，留住它们刚到中国时年轻的样子。

罗马尼亚
ND_2 型内燃机车
1972—1986 年进口

法国
ND_4 型内燃机车
1973—1974 年进口

国家队里的“外籍队员”

美国
ND5 型内燃机车
1984—1986 年进口

联邦德国
NY7 型内燃机车
20 世纪 70 年代进口

好开好用的内燃机车

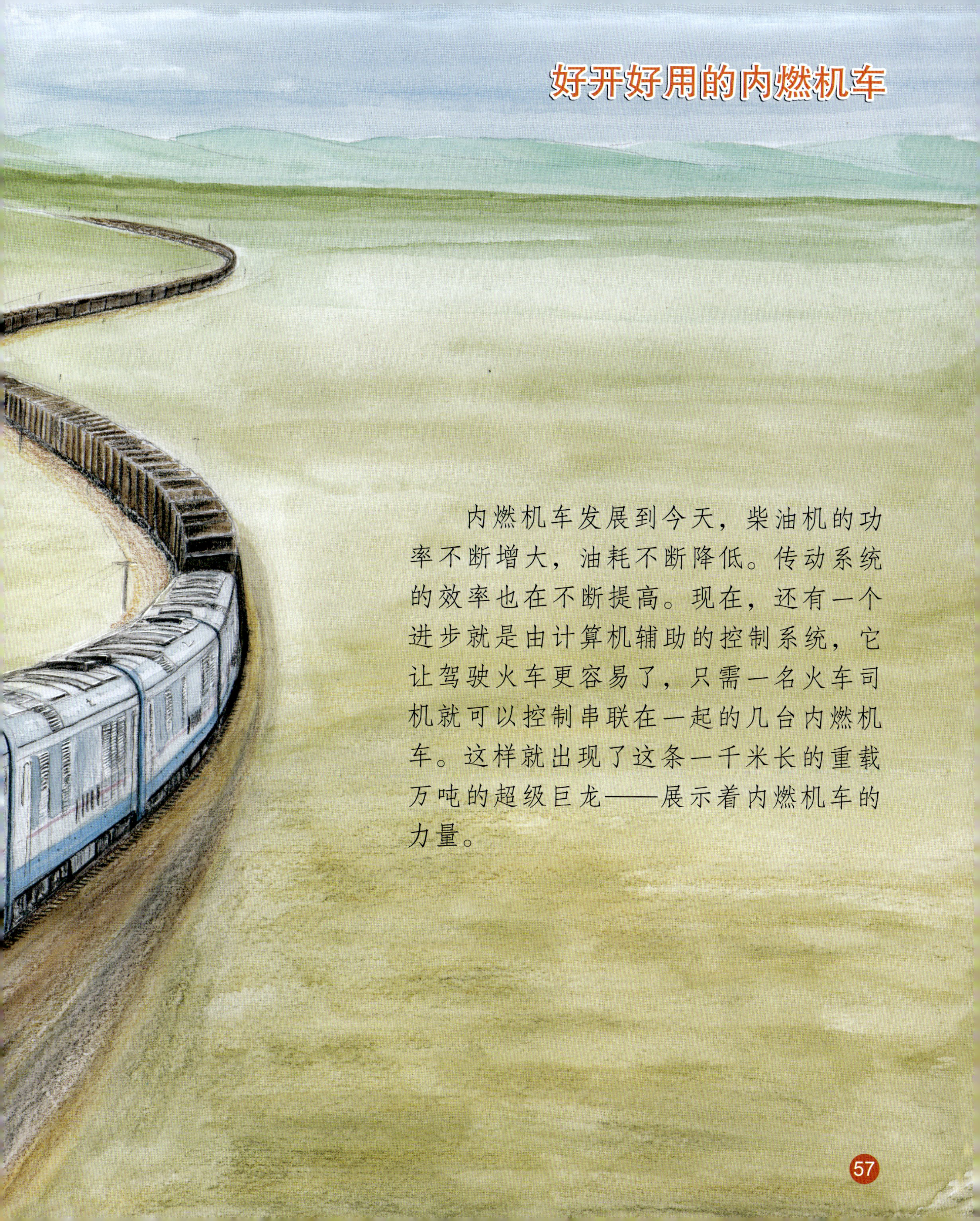

内燃机车发展到今天，柴油机的功率不断增大，油耗不断降低。传动系统的效率也在不断提高。现在，还有一个进步就是由计算机辅助的控制系统，它让驾驶火车更容易了，只需一名火车司机就可以控制串联在一起的几台内燃机车。这样就出现了这条一千米长的重载万吨的超级巨龙——展示着内燃机车的力量。

▲中国出口到阿根廷的内燃机车正在吊装上船

早在 20 世纪 60 年代，中国援助的内燃机车就行驶在了东非草原上，为那里的人们带去现代化的便利交通。80 年代后，中国内燃机车开始出口到五大洲的许多国家，赢得了相当的市场信誉。中国逐渐发展成为一个内燃机车的出口大国。

北京近郊线路的和谐“长城号”

在西部高海拔运行的“金轮号”

看到这里你一定以为它们是高铁动车？其实这也是一种内燃机车。1999年，戚墅堰机车车辆工厂等共同研制“新曙光号”准高速双层内燃机车组，并在各个机车厂自主研制了多种型号的这类机车，有些也投入了运营。现在随着全国高铁线建设和动车的登场，这些内燃机车都已经退出了历史舞台，但它们见证了中国高铁时代的蓬勃发展。

高铁时代的曙光

内燃机车永远有用

风雪中的电网出现严重故障，整个线路的电力机车和动车组都停止了运行。

内燃机车驶向未来

总有最新的内燃机车向我们驶来，也总有退役的机车离我们远去。也许有一天石油资源枯竭了，那时内燃机车就只能待在博物馆里。

我们不能预见那一天还有多久到来。在可以预见的未来，内燃机车从来没有停止技术前进的脚步，它将一直活跃于我们的视野之内，也活跃在内燃机车车迷们追逐的脚步中。

延伸阅读 以下内容是每一页历史背景和机车信息的补充，供读者了解参考。

右图的故事取自1900年美国德克萨斯州一片广袤而原始的土地上，哈米尔兄弟开采石油的故事。他们之前的身份分别是推销员和放牧人，后来成为了钻井工人。当时这一地区已经发现了石油，但是储量都不大，当时有经验的勘探者认为在这片位于休斯顿以东博蒙特附近的小山丘应该有石油。这就是后来著名的纺锤顶山丘。之前也有人在此尝试过，结果都空手而归。哈米尔兄弟在这里开采到了600英尺的深度，结果钻头击中了爆炸气体和水层，压力迫使气体顺着管道回流差点毁掉整个设备，但是他们仍然坚持钻探下去，结果又碰到了井下内壁的塌陷，他们创造性地把牛群踩过的泥浆倒灌入井下，这种方法甚至沿用至今。1901年1月10日，经过两个多月的努力，他们已经钻探到了1100英尺，如果还是没有收获，他们只能放弃，这时候井下出现声响，接着石油喷涌而出，在巨大的压力下石油甚至喷过了井架。一个相当于现在110亿美元价值的油田被发现了。从此美国成了当时世界上最大的产油国。几年后大量石油公司诞生，石油的价格从当时的每桶两美元变成了两美分，美国的石油时代从此开始。

左图为1933年英国大西洋铁路公司引进的AEC内燃机车有轨车，一共制造了38辆，其中两辆专门用来运送包裹。该型机车一直使用到1962年。

右上图是英国AEC机车的后期型号。

右下图为1931年爱尔兰多尼戈尔镇铁路运行的用于观光的窄轨距轨道车，这是英伦三岛铁路上最早运行的内燃机车。

本图的主角是1932年开始生产的法国米其林轨道车。法国东部铁路最先引进了该车，随后该车在英国和美国进行了试运行。这种机车最大的特点竟然是采用了米其林充气轮胎。后来因为第二次世界大战期间实行的汽油管制供应，全部机车停止运营，战后才重新恢复。

这种机车在欧洲一直使用到1953年。最后一辆米其林机车在非洲的马达加斯加一直使用到20世纪60年代。铁路运营商对该车的评价是在轮胎没有被刺穿的情况下还是非常舒适又快速的。

1933年，尽管在德国蒸汽机车一直运行良好，但是工程师们还是开始了高速内燃机车的研究。这种机车在世界上第一次开启了高速客运服务模式。后来也因为战争的原因，“飞翔的汉堡人号”系列全部停运。战后由于德国铁路的四分五裂，这种机车再也没有恢复当年的荣光。

20世纪20年代，美国铁路受到了高速公路和航空运输的影响，又有德国“飞翔的汉堡人号”的成功案例，美国西部的两大铁路公司联合太平洋铁路和芝加哥—伯灵顿—昆西铁路公司决定采用全新有着光亮外表和流线型不锈钢车体的“西风”列车。后来又出现了与其类似的“飞行的北方佬”列车。这种列车不仅验证了柴油机的优越性，也让这种流线型的列车风行起来，在西风列车问世的25年后，该车的制造商一举成为美国最大的机车生产商。

20世纪40年代，美国中部地区正在运行一列内燃机车。这种流线型的机车来自通用公司，该车证明了电传动内燃机车能够牵引更重的列车，并且在美国铁路开始广泛使用。它也使美国铁路从蒸汽机车时代迈进内燃机车时代。

这是在“二战”中德国铁路的一台kof 2型机车。1934—1966年，这种机车由道依茨公司、容克公司、柏林机器局、克虏伯公司等多家公司生产了1000辆，一直使用到了20世纪90年代。这是一种液力传动的轻型调车机，在美国铁路广泛使用，使美国铁路从蒸汽机车时代迈进内燃机车时代。

图中近处的是一台由美国艾高公司生产的RS-1型机车。这是该公司最畅销的车型，有些甚至使用了40多年，从此内燃机车牢牢占据着调车市场。这种机车还曾援助过苏联，对其内燃机车技术影响很大。而远景就是著名的芝加哥圣达菲客运列车，这几乎就是美国人心目中最经典的内燃机车形象。

本图描绘的是苏联中部地区的油田。那是欧亚大陆的中心，冬季极为寒冷，但是却有着丰富的石油资源，一直到今天都是俄罗斯重要的石油产地。可以说要成为内燃机车大国有两个条件必不可少：一个是雄厚的工业基础，一个就是丰富的石油资源，两者组合才能满足巨大的内燃机车需求。正如1959年中国发现了大庆油田之后，摘掉了贫油的帽子，从此内燃机车也就有了大发展的可能。图中的机车是苏联的TЭ3型内燃机车，从1953—1973年，这是苏联生产的数量最庞大的内燃机车，有些机车一直使用到20世纪末。

这是“巨龙号”内燃机车诞生的一个历史瞬间。虽然这台机车仿制于苏联机车，但是当时的参考只是几张检修图纸。中国的技术人员只用了几个月的时间就完成了设计和制造，这在当时绝对是个奇迹。“巨龙号”内燃机车双节联挂达到4000马力（2940千瓦），最高时速达到100千米，是我国第一代内燃机车。

就在巨龙诞生的同时期，“卫星号”内燃机车也诞生了。这是中国第一台2000马力液力传动干线客运内燃机车，机车装用两台仿西德的12V175Z型柴油机，装车功率2×1000马力，构造时速为140千米，起动牵引力270千牛，车重84吨，轴式为B–B。该型机车的试制成功，填补了中国没有大马力液力传动内燃机车的空白。虽然该车未能完全达到原设计要求，没有继续生产，但给机车设计制造提供了宝贵的经验。后来投入批量生产的东方红1型机车就是在它的基础上设计生产的。

1966年8月起，“巨龙号”内燃机车正式定名为“东风型”，此后的电传动内燃机车都以这个名字开头。“东风”意味着苏醒的东方吹来之风，带来了暖流，带来了春天，带来了希望，寓意着新生的力量。在那个时代“东风”一词很时髦，许多国产汽车、船舶甚至导弹都命名为“东风”。这型机车也被称作“老东风”。从20世纪60年开始，大连、戚墅堰、成都、大同等机车厂都进行了生产，总共706台，并一直使用到了20世纪末。

这是东方红1型内燃机车，也是我国第一代客运内燃机车，于1966年投入批量生产，双节重联，最高时速140千米，总共生产了106台，1973年停产，1998年退役。

北京型内燃机车是北京二七机车厂1970年开始试制，1975年批量生产的四轴液力传动干线客运内燃机车。北京单节型内燃机车(现陈列在中国铁道博物馆)，机车标称功率1500千瓦，最大时速120千米，一直到1989年停产，总共生产了358台。这是1997年铁路第一次提速前的主型客运机车。

在所有TEE列车中，运行最成功的要数这款德国TEE列车。该车采用的是液力传动装置，机车内的装备也十分豪华。车厢两端各有一节动力车厢（基本算动车组了），每节车厢动力功率为820千瓦，最大运行时速达到140千米。早期的TEE列车全部采用内燃机牵引，一方面缘于德国多年的技术积累，另一方面因为欧洲的铁路还没有完全电气化，当时的电力牵引技术也不发达，各国的电压系统和标准还不统一。最终，TEE内燃机列车成为一个时代的经典。

东风4B型从1984年首台下线使用开始，距今已超过30年的历史。东风4A和东风4B就是一个字母的差距，主要的改进也是在柴油机的型号，但是这一改进让东风4B多了一项本领，就是机车的功率可随着海拔的变化自动调整，牵引力提高了一半多，油耗却下降了。对于我国这样一个地形环境复杂、各地区差异巨大的铁路系统来说，东风4B的这项本领太重要了，因此成为产量最大的机车。

图中的机车是东方红3型内燃机车。在1997年之前，中国人乘坐的火车主要是由东方红3型和北京型两种机车牵引。之前该型是为非洲的坦赞铁路制造，1971年四方厂对其改进后命名为“东方红3型”。1976年之后又生产了23年，总量近300台。这型机车耐用实用，在平道上牵引20节客车时速可以接近100千米，牵引12节客车时速可以达到120公里。

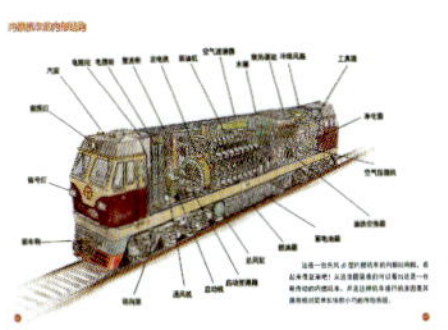

东风4D型是为1997年4月1日中国铁路第一次大提速而来，运行时速达到了140千米。更重要的是它的高生产速度，第一年生产了149台，第二年生产了190台。如果没有东风4D的大规模生产，就不可能让中国铁路在短时间内得到总体提速。而这型东风4系列的终极版机车也因可靠的品质一直沿用至今。图中蓝色的东风4D主要变化在于齿轮比，同时改变了从动齿轮和牵引齿轮箱等设计，由于最高时速降低，因此取消了抗蛇行减振器。而图中红色的机车是东风4D型准高速客运机车，是大连机车车辆厂于1999年研发的装用了全悬挂转向架的东风4D型内燃机车，最高时速提高到170千米。

图中的机车是东风7B型内燃机车，它是北京二七机车厂在东风7型机车的基础上研制的，适用于铁路干线货运，同时还可以进行大型枢纽、编组站场、工矿企业的调车和小运转作业。机车允许多机重联，装有电阻制动，功率1840千瓦。东风7的柴油机主要零部件可以和北京型液力内燃机车柴油机互换通用，因为它们都是北京二七机车厂独家生产的车型。这种调车还有小半径曲线型、干线货运型、防寒型机车等改进型号。

东风8B型内燃机车是大功率交直流传动、25吨轴重的干线重载货运机车，机车由戚墅堰机车厂、资阳电力机车厂生产。25吨轴重是什么概念？就是这个机车的车轮在钢轨上有很强黏着力，在坡上启动和雨雪天气很有用。机车能够牵引5000吨，列车最大运行时速达到85千米。一直到2005年，东风8B型的年产量仍然在100台以上。这种机车不仅是个大力士，还是最早采用计算机控制的机车之一，最早使用了彩色液晶显示屏。

左边的东风11型是为了广州到深圳的准高速铁路而生产的。1994年4月11日，东风11-0001号牵引7辆25Z型客车，在北京环行铁道外环线试验时速达到183千米，创下了当时的“中国铁路第一速”。至2005年停产共计生产了459台。右边的东风11G型内燃机车，是戚墅堰机车厂为中国铁路第五次大提速而设计生产的重联型准高速内燃机车，机车装备列车供电系统，最高时速170千米。

图中奔跑的是东方红3型内燃机车。这条铁路是坦赞铁路，是迄今中国最大的援外成套项目之一，由中国专家和工程技术人员进行勘测、考察、设计并帮助坦、赞两国政府组织施工。坦赞铁路是贯通东非和中南非的交通大干线，是东非交通动脉。东起坦桑尼亚的达累斯萨拉姆，西到赞比亚中部的卡皮里姆波希，沿线地形复杂，线路需跨越裂谷带，全长1860.5千米。1970年10月动工兴建，1976年7月全线完成。

内燃机车相对后来的电力机车来说还有一个大优点，就是不需要输电线路，因为内燃机车的动力来源于柴油。这样只要有铁路就能跑内燃机车，而且不用像电力机车那样担心停电，这个优点在恶劣的天气和灾害面前特别突出，因为电力机车的输电线路会因为暴雪、暴风等自然灾害受到损害，这个时候要维持正常的铁路运营和抢修线路就得靠不惧艰险的内燃机车了。

早期的内燃机车造价高昂。一台内燃机车比普通蒸汽机车的价格高出两倍还要多，但是内燃机车的运营成本低，而且能适应更高强度作业，所以一开始内燃机车被当做低速调车使用。与蒸汽机车相比，内燃机车的操作要简单得多，工作环境更好，劳动强度也降低了。如果是三台内燃机车连在一起，只需要一个人就可以驾驶，而同样的情况下三台蒸汽机车连在一起还是需要9个人的辛苦劳动才能驾驭。

内燃机车的发展离不开引进国外的机车和技术，左图四种机车都是早期进口的机车，这些机车都曾经在中国铁路上奔跑过，虽然有些机车的进口量很小，但是却为国产内燃机车的技术发展提供了有价值的参考。甚至在青藏铁路上也有由美国通用电气公司制造的NJ2型内燃机车，这种机车担当青藏铁路格尔木至拉萨区段客、货运列车牵引任务，在空气稀薄的高原铁路沿线特殊的地理环境和气候条件下仍可保持它的牵引力。

图左的机车是HXN5型内燃机车，是中国铁路的干线客、货运内燃机车车种之一。这款机车使用交流传动，由美国通用电气公司研制，通过技术转移的方式，由戚墅堰机车厂制造。铁道部于2005年11月1日向美国通用电气公司及戚墅堰机车厂签订合同，订购300辆HXN5型机车，总值4.5亿美元，其中前两辆于美国完成，建造后整车付运，余下298辆由戚墅堰机车厂在美国通用电气公司的协助下制造。首辆国产化机车于2008年11月25日下线。

后 记

画完了火车家族的老大蒸汽机车，就要画这个家族的老二内燃机车了。老二虽然没有像老大一样经历那么多轰轰烈烈的历史和许许多多的第一次，但是它却离我们的生活更近，一直到现在还广泛运行在铁路线上，存在于我们的生活中。

中国内燃机车的诞生发展是在我们的祖父辈和父辈们奋斗的红色年代，也是现在 80 后、90 后的父母的童年，对于他们来说内燃机车承载了太多的童年记忆。难忘第一次的火车之旅，难忘每天经过的火车，难忘踏上火车开始人生的改变，这些难忘的与火车相关的记忆里基本上都有那些勤勤恳恳的内燃机车的身影。那么我们为什么不更深入地了解一下这个火车家族的老二——内燃机车呢？它们是一个个你经常见到的熟悉面孔，可能你还不知道它们的名字呢。

本书就是要告诉你内燃机车近百年的那些故事，包括内燃机车来到中国之前的历史，这种高技术的机车不同于蒸汽机车的粗犷，而是一个工厂团队甚至是举国之力的结晶。所以内燃机车的诞生需要几代人的技术积累，内燃机车的生产需要强大的工业基础，内燃机车的应用需要石油工业的规模。正像近 30 年来我们生活的巨大变化一样，中国内燃机车也在不断更新进步。从一点点仿制，到自主设计研发；从追求单纯的功率指标，到追求可靠节能环保的综合性能；从引进外国的机车，到成为一个内燃机车出口大国，这是一个个巨大的进步和成就，也是我们的骄傲。

陈曦

图书在版编目（CIP）数据

内燃机车的故事/陈曦著绘. —2版. —北京：中国铁道出版社有限公司，2022. 1（2023. 12重印）
（给孩子们的火车历史绘本）
ISBN 978-7-113-28582-1

Ⅰ. ①内… Ⅱ. ①陈… Ⅲ. ①内燃机车-儿童读物
Ⅳ. ①U262-49

中国版本图书馆CIP数据核字（2021）第242506号

书　　名：内燃机车的故事
作　　者：陈　曦

责任编辑：许士杰　　**编辑部电话：**（010）51873204　　**电子信箱：**syxu99@163.com
编辑助理：魏　明
封面设计：崔丽芳
责任校对：王　杰
责任印制：赵星辰

出版发行：中国铁道出版社有限公司（100054，北京市西城区右安门西街8号）
网　　址：http://www.tdpress.com
印　　刷：中煤（北京）印务有限公司
版　　次：2017年7月第1版　2022年1月第2版　2023年12月第2次印刷
开　　本：889 mm×1 194 mm　1/16　印张：4.75　字数：98千
书　　号：ISBN 978-7-113-28582-1
定　　价：49.80元

第二版
给孩子们的火车历史绘本——
蒸汽火车的故事

第二版
给孩子们的火车旅行绘本——
火车带我去远行

第二版
给孩子们的火车历史绘本——
内燃机车的故事

第二版
给孩子们的火车故事绘本——
火车站里的小鸟

第二版
给孩子们的火车历史绘本——
电力机车的故事

第二版
给孩子们的火车知识绘本——
高铁动车的故事

第二版
给孩子们的火车旅行绘本——
我们在这里相遇

加油！火神山上的
工程车

给孩子们的火车图鉴绘本——
（一）
蒸汽机车
陈曦 著/绘

给孩子们的火车图鉴绘本——
（二）
蒸汽机车
陈曦 著/绘

给孩子们的火车图鉴绘本——
（三）
蒸汽机车
陈曦 著/绘

给孩子们的火车图鉴绘本——
（一）
内燃机车
陈曦 著/绘

给孩子们的火车图鉴绘本——
（二）
内燃机车
陈曦 著/绘

给孩子们的铁路科普绘本——
高铁开通了
陈曦 著/绘

给孩子们的火车图鉴绘本——
（一）
高铁动车
陈曦 著/绘

给孩子们的火车图鉴绘本——
（二）
高铁动车
陈曦 著/绘

扫描下方二维码，了解更多绘本资讯，
分享更多知识心得。

作者微博

候鸟驿站的掌柜

作者公众号

陈曦绘本

作者简介

陈曦，知名原创绘本作者。从第一次带娃接触绘本图书开始，就由国内原创作品匮乏的状况出发，全身心投入创作。如今的他已是三个孩子的爸爸，且已经出版了二十多部绘本作品。作为资深的火车迷、军事迷、装备迷，他具备专业的眼光和独特的视角。在这个数字时代，从小学画的他坚持用纯手绘的方式唯美展现各种中国题材的火车、飞机、舰船等交通载具，用图文结合的方式科普铁路、航空等方面的知识，抓住童心未泯的生活感悟，为小读者及家长们呈现一部部具有艺术美感、工业力量和时代主题的绘本作品。他的多部作品入选中华优秀科普图书榜、书香中国首届“中国原创绘本200书单”、农家书屋重点出版物推荐目录、全国中小学图书馆（室）推荐书目、国家新闻出版署《3～8岁儿童分级阅读指导》标准推荐书目等。孩子在绘本的书香中成长；陈曦的绘本之路也将更加精彩。